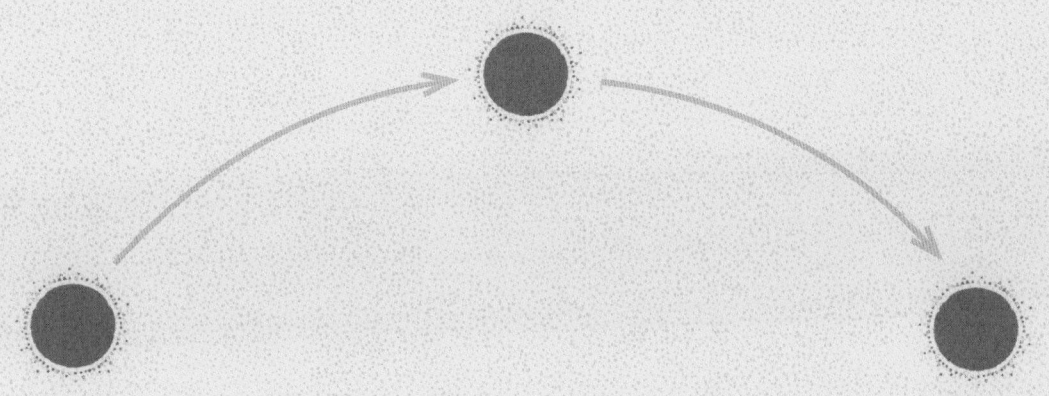

움직인 건 해일까, 나일까?

글 정관영

서울대학교에서 화학 및 화학교육을 전공하고 동대학원에서 석사 학위를,
미국 퍼듀 대학교에서 이학 박사 학위를 받았습니다.
고등학교 화학I·화학II 교과서를 집필했으며, 현재 서울과학고등학교 화학 교사로 재직 중입니다.
지은 책으로는 『탄소는 억울해!』, 『원리를 찾아라, 생활 속 분자』가 있습니다.

그림 이순옥

만화와 문학을 전공했고 일러스트레이터와 그림책 작가로 활동하고 있습니다.
과학을 좋아하고 어린왕자를 좋아하는데 어린왕자가 등장하는 과학 그림책을 그리게 되었습니다.
창작 그림책으로는 『돼지 안 돼지』, 『빨강』이 있으며,
두 권의 그림책으로 2017년, 2018년 볼로냐 올해의 일러스트레이터로 선정되었습니다.

어린왕자가 사랑한 지구의
낮과 밤

상상의집

어린왕자는 소행성 B612에 살고 있어.
B612는 아주 작은 행성이야.
어린왕자는 지는 해를 보는 게 좋아서 의자를 옮겨 앉으며,
어떤 날은 마흔네 번이나 해가 지는 걸 보았어.

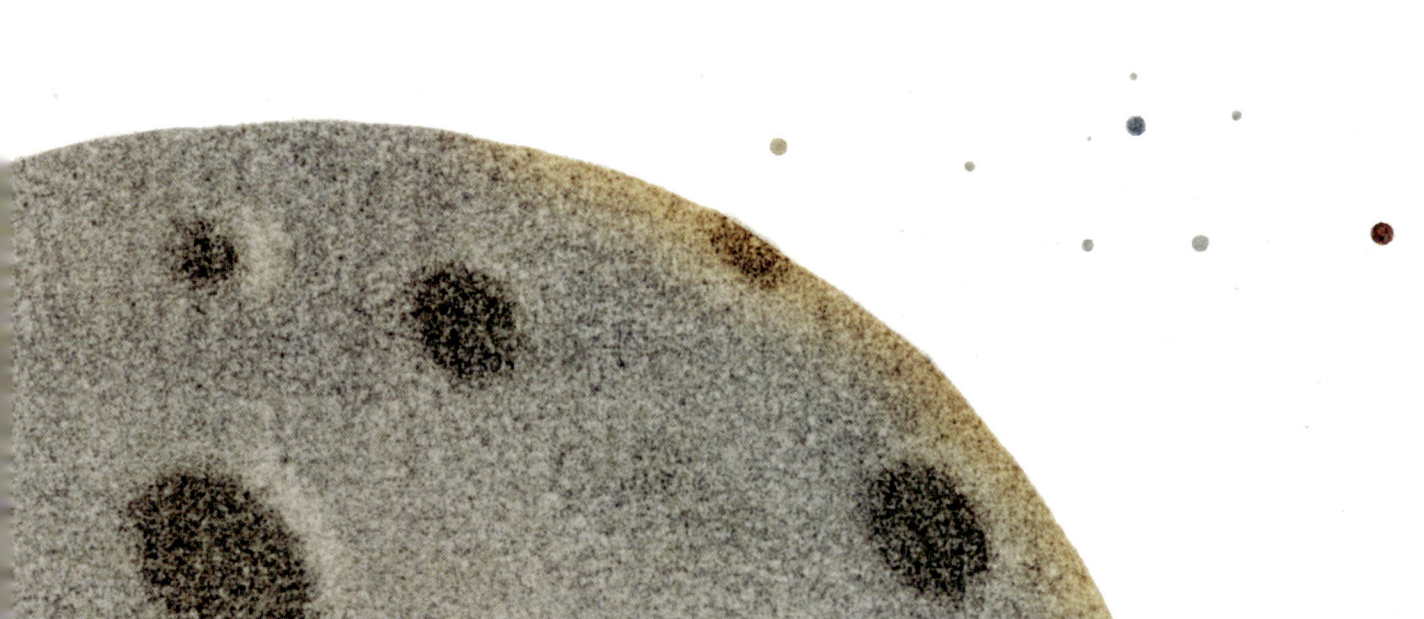

어느 날, 어린왕자는 먼 여행을 떠났어.
어린왕자는 여러 행성을 거쳐 아주 작은 행성에 도착했어.
이 행성은 너무나 작아서 가로등 하나와
그걸 켜고 끄는 남자가 서 있을 자리밖에 없었어.

남자는 해가 뜨면 가로등을 끄고, 해가 지면 가로등을 켰어.
"아저씨! 왜 쉴 새 없이 가로등을 껐다 켰다 하는 거죠?"
"왜라니? 이 행성은 하루가 너무 짧아 수시로 밤낮이 바뀌니까 그렇지!"
어린왕자는 아저씨와 더 있고 싶었어.
이 행성에서는 해가 지는 것을 아주 많이 볼 수 있으니까…….
하지만 이 행성은 너무 작아서 두 사람이 설 자리가 없었어.
어린왕자는 아쉽게도 그 행성을 떠나야 했어.

드디어 어린왕자는 지구라는 행성에 도착했어.
"이 행성은 온통 모래 언덕뿐이군!"

지구가 온통 모래 언덕뿐이라니…….
어린왕자는 왜 그렇게 생각했을까?
왜냐하면 어린왕자가 서 있는 곳은 사하라 사막 한가운데였기 때문이야.

사실 어린왕자는 커다란 아프리카 대륙의 북부 어디쯤에
서 있는 거였는데…….
더 넓게 보면, 여러 대륙과 큰 바다들로 이루어진
지구라는 행성 위에 서 있는 거였는데…….
어린왕자는 알 수 없었지.

지구가 이렇게 큰 행성이란 걸 말이야.

"이 행성의 일몰을 보고 싶어……."

● 일몰: 해가 짐.

어린왕자는 사하라 사막에 서서

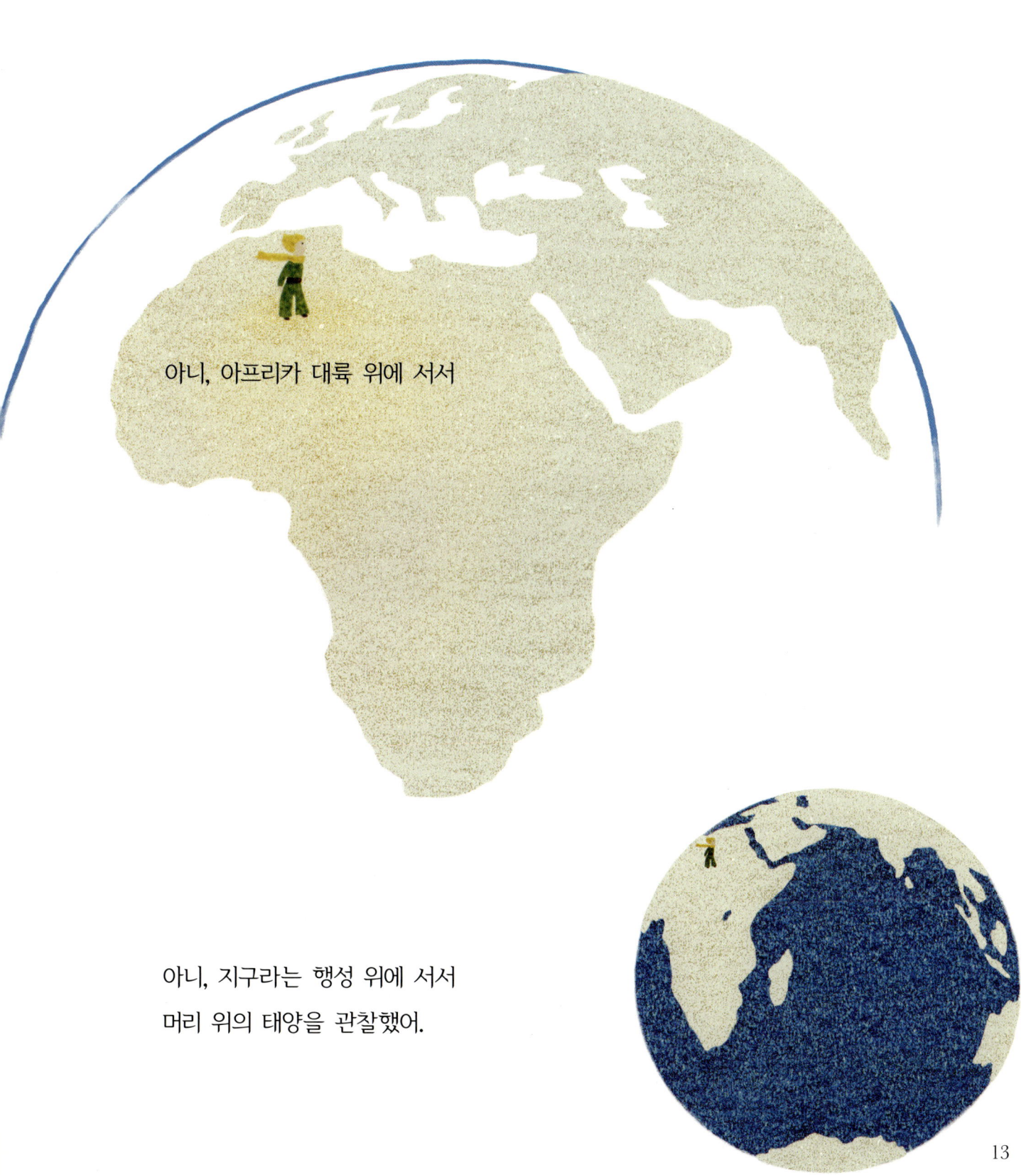

아니, 아프리카 대륙 위에 서서

아니, 지구라는 행성 위에 서서
머리 위의 태양을 관찰했어.

태양은 동쪽에서 뜨더니 서서히 서쪽으로 졌어.
태양이 지기 시작하자 사막은 붉은 빛으로 물들었지.
"오! 아름다워.
태양은 시계 방향으로 움직이는구나."

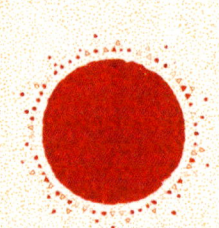

동

"태양이 움직인다고? 그것도 시계 방향으로? 껄껄."
돌아보니 비행기 조종사가 서 있었어.
사고로 불시착한 비행기가 모래에 파묻혀 있었지.

"태양이 움직이는 게 아니야. 지구가 움직이는 거지."
"네? 전 방금 태양이 동쪽에서 서쪽으로 움직이는 걸 봤다고요!"
"네가 잘못 봤다고 이야기하는 게 아니야.
눈에 보이는 것이 모두 진실은 아니라는 말이지."

"자, 우리가 서 있는 지구를 보자.
지구는 하루에 한 바퀴씩 서쪽에서 동쪽으로 회전한단다."

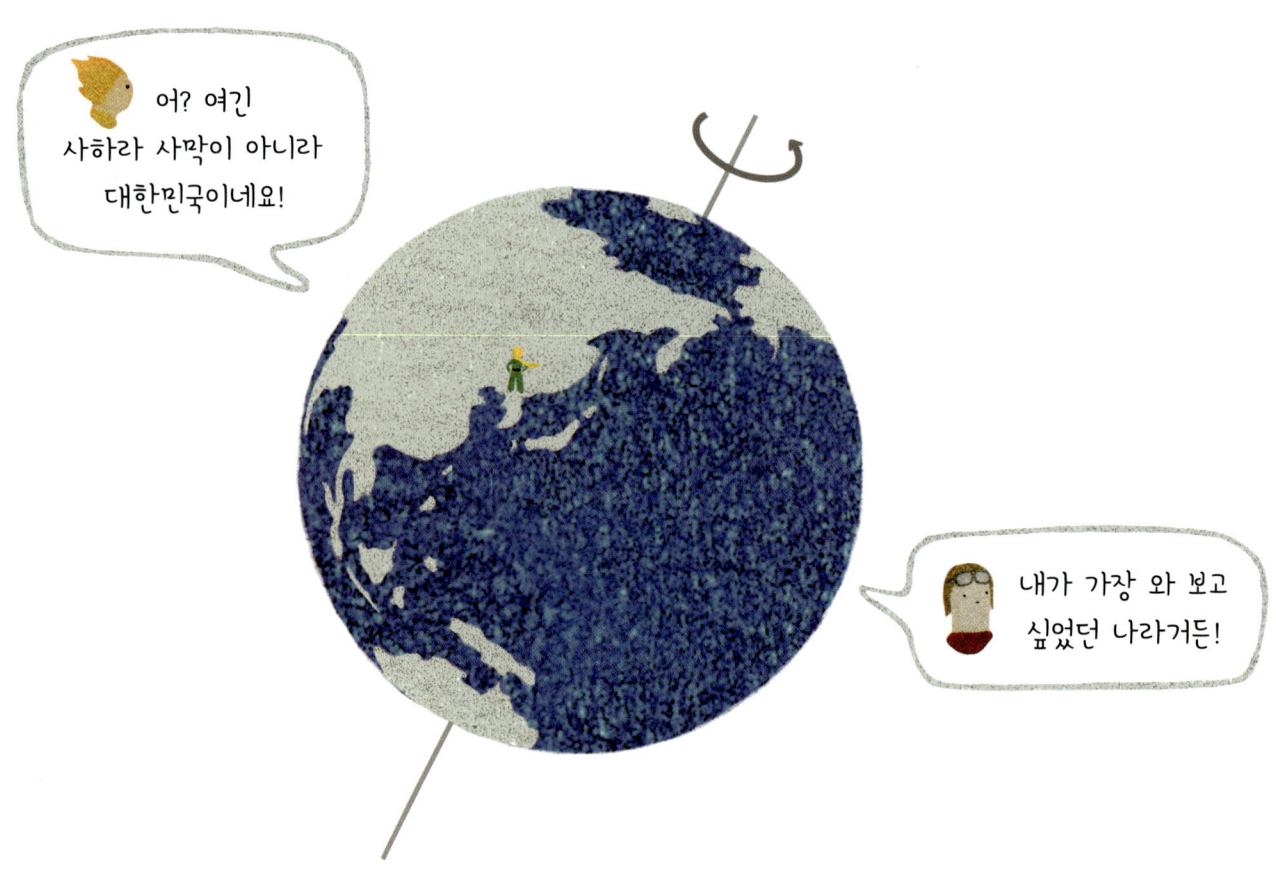

어? 여긴 사하라 사막이 아니라 대한민국이네요!

내가 가장 와 보고 싶었던 나라거든!

"북극 위에서 바라보면 지구가 시계 반대 방향으로
돌아간다는 것을 알 수 있어."

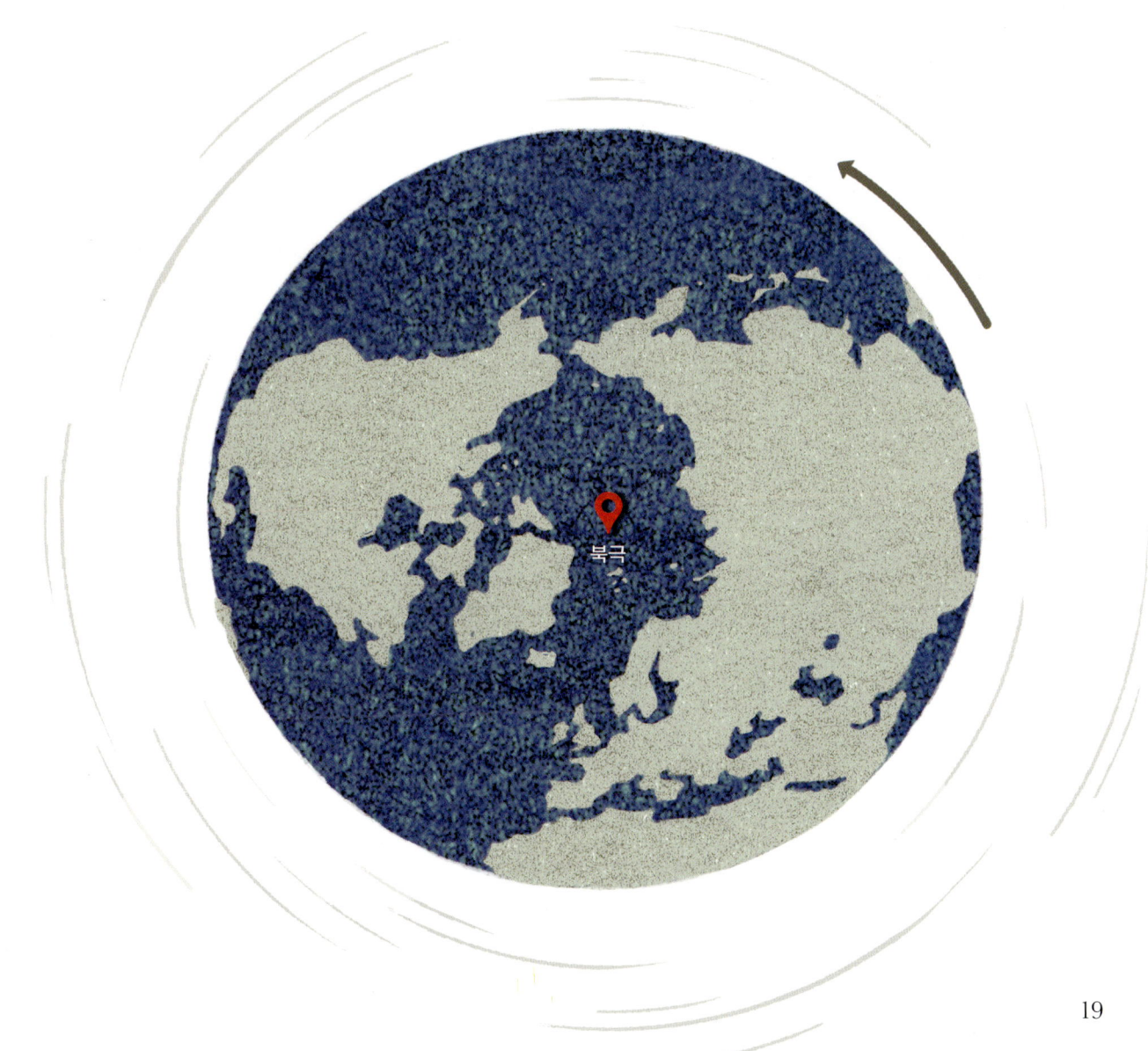

"이제 지구에 서서 태양을 볼까?"

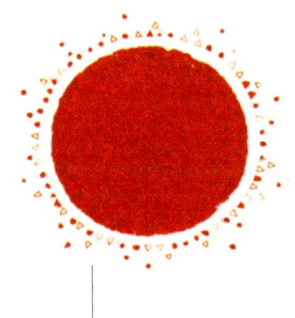

실제 태양은 지구보다 약 109배 정도 더 크지만, 지구 위에 서 있는 어린왕자에게 보이는 태양의 모습으로 표현했어.

"붉은 핀으로 표시한 부분이 북극이니까,
우리 눈에 보이지 않는 지구의 반대편은 남극이지.
동쪽이 왼쪽, 서쪽이 오른쪽이야. 알겠니?"

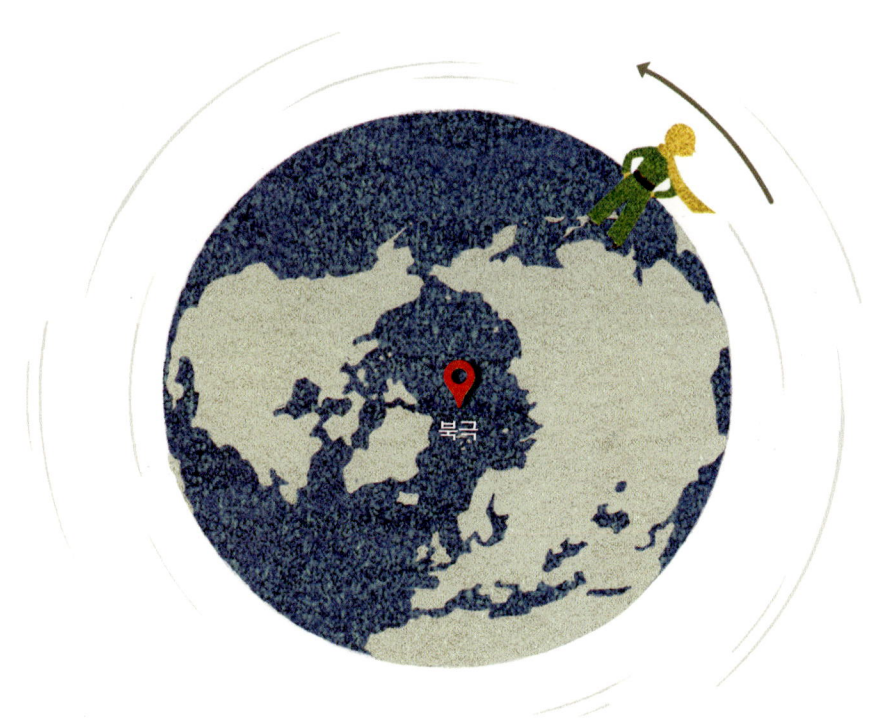

"네, 하지만 아직은 태양은 움직이지 않고,
지구가 태양이 움직이는 (것처럼 보이는) 방향과
반대로 움직인다는 걸 믿을 수 없어요."

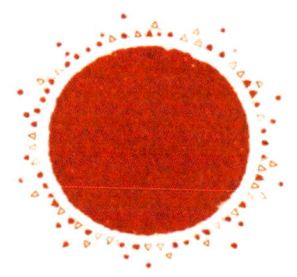

"진실은 원래 눈에 보이지 않는 법이야. 그래서 깨닫기가 어렵지.
지구를 회전판이라고 생각하자. 그리고 자전 방향으로 돌리면……"

"잠깐만요. 태양이 꼭 움직인 것처럼 보여요!"

"맞아! 지구 위에 서 있는 네게 태양은 동쪽에서…

서쪽으로 움직인 것처럼 보인단다."

동 　　　　　　　　　　　　　　　　서

"열차를 탔을 때 창밖을 내다보면
멈춰 있는 나무가 달려와 나와 반대 방향으로 움직이는 것처럼 보이고,

시계 방향으로 회전하는 목마를 탔을 땐
내 사진을 찍는 엄마가 반시계 방향으로 도는 것처럼 보이듯이,

실은 지구가 반시계 방향으로 자전하기 때문에
태양이 시계 방향으로 도는 것처럼 보이는 거야."

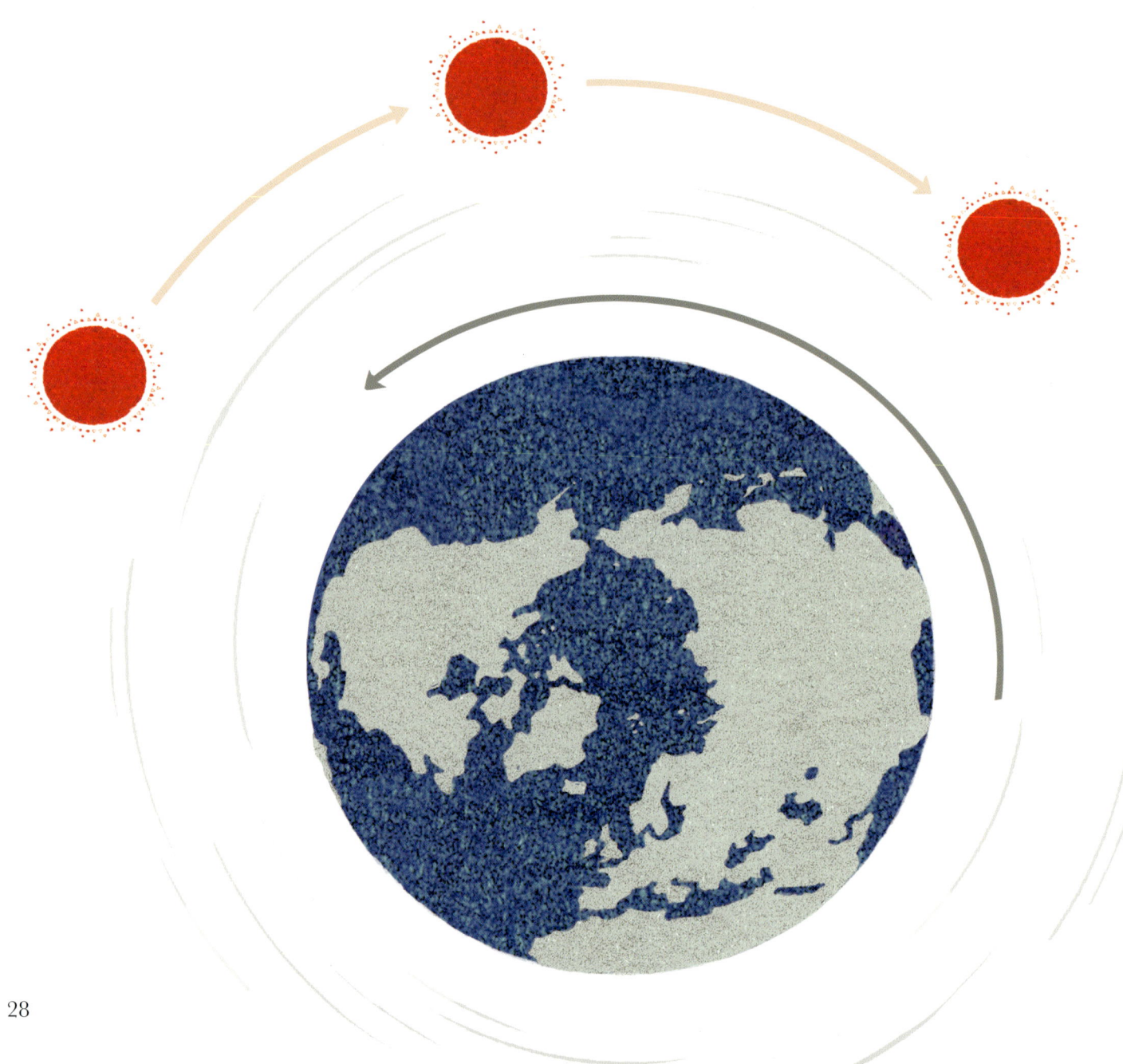

"와, 정말 놀라워요!"
어린왕자는 깜짝 놀랐어.
"그런데 지구가 움직인다면,
지구 위에 서 있는 저도 움직인다는 거잖아요.
저는 움직임을 전혀 느끼지 못했는걸요!"

"믿을 수 없겠지만 지구는 하루에 한 바퀴 돌고 있어.
이것을 자전이라고 해.
시속 1,600km 정도로 말이야. 어마어마하게 빠른 속도지."

그렇게 빠른 속도라면 멀미를 했을 거예요.

"100층으로 향하는 엘리베이터를 탔다고 생각해 봐.
1층에 가까워졌을 때와 100층에 가까워졌을 때만 속도감이 느껴져.
같은 속도로 운동하는 중간 구간에서는
마치 멈춰 있는 듯한 느낌이 들지."

"열차를 탔을 때도 마찬가지야.
움직이기 시작할 때와 멈추려고 할 때, 우리는 움직임을 느끼지만
일정하게 같은 속도로 움직이는 중간 구간에서는
마치 멈춰 있는 것처럼 속도를 느끼지 못해."

"지구 역시 무척 빠른 속도로 돌고 있지만
계속 같은 속도로 돌기 때문에 그 위에
서 있는 저도 속도를 느끼지 못한다는 거군요."
"그렇지!"

어느새 사막에 밤이 찾아왔어.
하늘엔 무수한 별들이 빛났지.
"오늘은 이만 비행기 수리를 마치고 한숨 자야겠군."

어린왕자는 해 지는 풍경은 좋았지만 밤은 무서웠어.
"아저씨. 해는 언제 뜨나요? 제가 살던 행성은 아주 작아서 의자만 조금 옮겨 앉으면 해가 뜨는 걸 마흔네 번이나 볼 수 있었는데."
"지구는 몹시 크고 하루에 한 번 자전을 하니까 시간이 걸리겠지?"
"그게 무슨 뜻이에요?"

"낮과 밤이 생기는 이유가 바로 지구의 자전 때문이니까."
"자전 때문에 낮과 밤이 생긴다고요?"

비행사는 수첩에 그림 하나를 슥슥 그렸어.
"태양은 지구보다 훨씬 크다고 했지?
태양 빛이 지구를 비출 때, 지구의 반은 태양의 빛을 받지만
나머지 부분은 태양의 빛을 받지 못해.
빛을 받은 부분은 낮이 되고,
빛을 받지 못하는 부분은 밤이 되는 거야."

"지구 위에 서 있는 네가 지구와 함께 돌아 해를 보는 순간 아침이 되는 거고,

해를 보지 못하는 순간 어두운 저녁이 시작되는 거지!"

"밤이 싫다고?
안타깝지만 지금 네가 앉아 있는 위치는
태양을 볼 수 없는 곳이지."

여기 사하라 사막의 지구 반대편에 있는 나라로 가면 그곳은 낮일 거야.
하지만 지구는 너무나 커서, 그 반대편까지 가려면 시간이 아주 많이 걸리겠지?"

"그렇군요. 제가 살던 행성은 아주 작아서
밤이 싫으면 몇 발자국 걸어서 밝은 쪽으로 가곤 했어요.
해 지는 모습을 보고 싶으면 의자를 조금씩 움직여 앉기만 하면 되었죠.
그런데 지구에서는 하루에 딱 한 번밖에 일몰을 볼 수 없다니,
갑자기 제가 살던 소행성이 그리워져요……"

멀리 떠나온 소행성을 생각하니 어린왕자는 왠지 슬퍼졌어.

"아저씨. 고마웠어요. 난 이제 내 행성으로 돌아갈게요."
"슬프구나. 이렇게 헤어져야 한다니."

"밤이 지나면 반드시 낮이 오고,
낮이 지나면 반드시 밤이 오는 것처럼
우리도 꼭 다시 만나게 될 거예요."
어린왕자는 비행기 조종사에게 손을 흔들었어.
비행기 조종사도 어린왕자에게 멋지게 손을 흔들어 주었단다.

에필로그
어린왕자의 지구본 실험

소행성 B612로 돌아간 어린왕자는
평소와는 다르게 아주 바빴어.
비행사에게 들은 이야기를 오래 기억하기 위해
실험을 하기로 한 거야.
하루에 딱 한 번 만나는 지구의 일몰이
잊혀지지 않았거든.

어린왕자는 손전등과 지구본 사이에 적당한 거리를 두었어.
그러고는 지구본에서 한 곳을 골라 손전등으로 비추었지.
"내가 손전등으로 비춘 곳은 낮,
지구본의 반대편 어두운 부분은 밤,
이제, 지구가 자전하듯 지구본을 서쪽에서 동쪽 방향으로 돌리면……"
방금 전까지만 해도 낮이었던 곳이 밤이 되었어!

만약 지구가 하루에 한 번 자전하지 않는다면
낮인 곳은 계속 낮이고, 밤인 곳은 계속 밤일 거야.
그럼 지구에서 지는 해를 보는 것은 불가능했을 텐데…….
"지구를 아름답게 만드는 건 낮과 밤만이 아니란다.
지구에는 봄, 여름, 가을, 겨울과 같은 계절도 있거든."
문득 비행사 아저씨의 말이 떠올랐어.
"계절이라고? 하루에 한 번밖에 보지 못하는 일몰처럼
아름다운 광경을 보게 될지도 몰라."
어린왕자가 두 번째 지구 여행을 서두르는 건 당연한 일이었지.

<2권_어린왕자가 사랑한 지구의 사계절>에서 만나요!

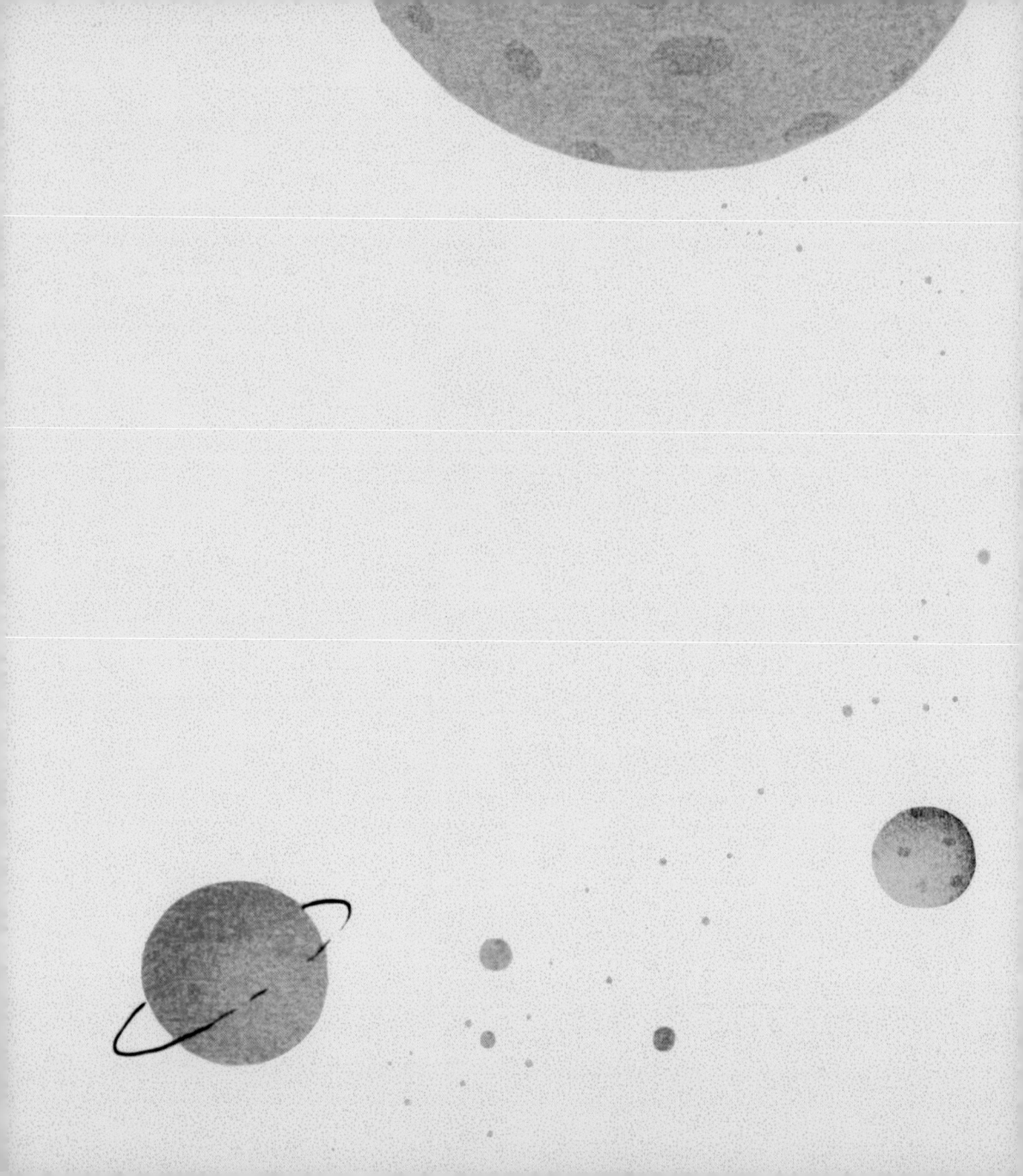

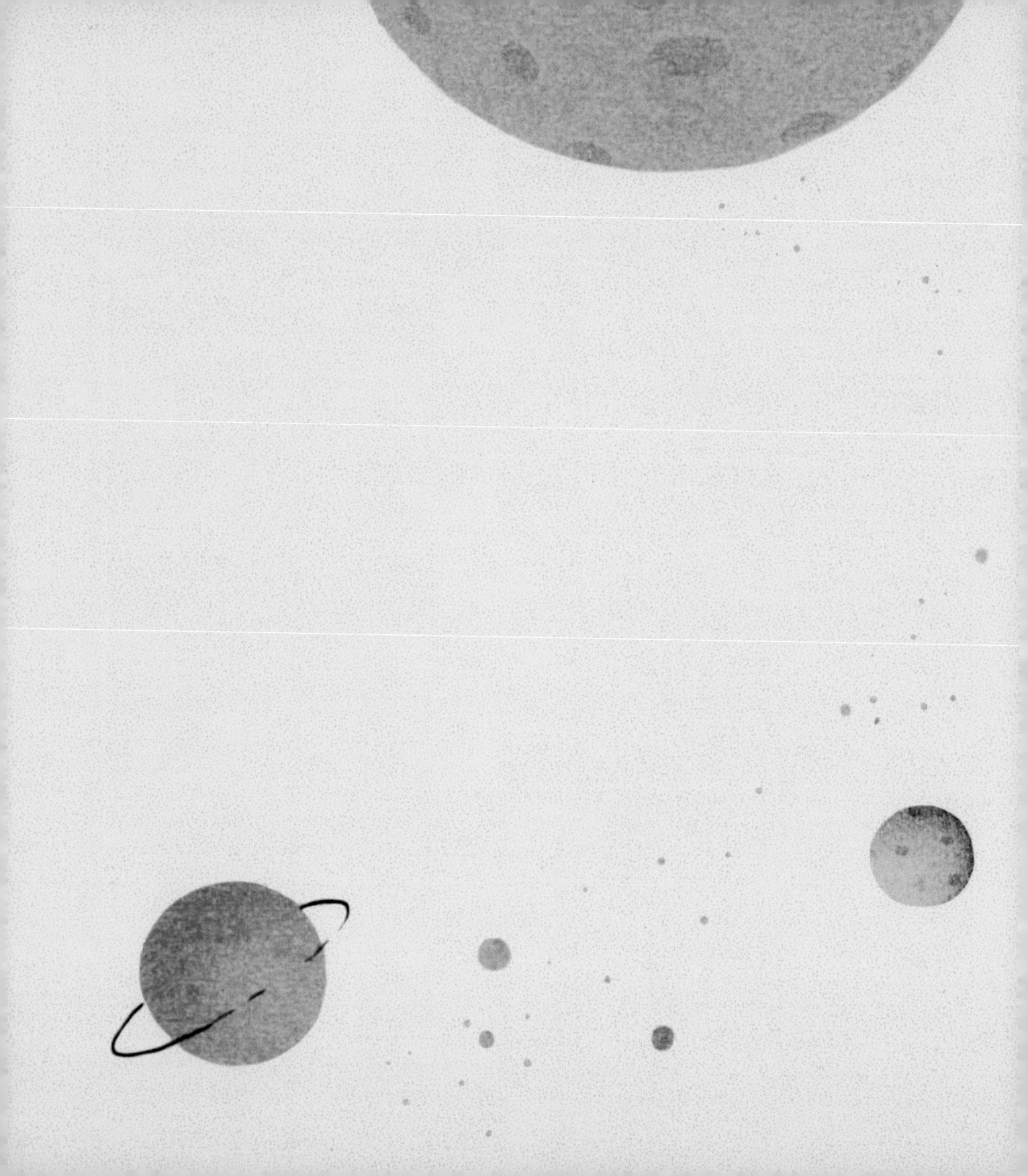

진실은 때론 눈에 보이지 않는 법이야.

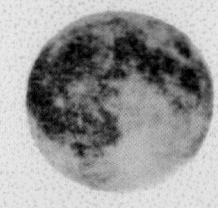

어린왕자가 사랑한 지구의 낮과 밤

글 정관영 | **그림** 이순옥
펴낸날 2018년 9월 20일 초판 1쇄, 2021년 12월 23일 초판 3쇄
펴낸이 김상수 | **기획·편집** 이성령, 권정화, 조유진 | **디자인** 문정선, 조은영 | **영업·마케팅** 황형석, 임혜은
펴낸곳 루크하우스 | **주소** 서울시 서초구 사임당로 50 해양빌딩 504호 | **전화** 02)468-5057 | **팩스** 02)468-5051
출판등록 2010년 12월 15일 제2010-59호
www.lukhouse.com cafe.naver.com/lukhouse

© (주)루크하우스, 정관영, 이순옥 2018
저작권자의 동의 없이 무단 복제 및 전재를 금합니다.

ISBN 979-11-5568-331-6 74400
ISBN 979-11-5568-330-9 (SET)

※ 잘못된 책은 구입처에서 바꾸어 드립니다.
※ 값은 뒤표지에 있습니다.

 상상의집은 (주)루크하우스의 아동출판 브랜드입니다.